Horst Haug und Shannon Pyper

Ottos Körper Polizei

Die Abenteuer einer weißen Blutzelle – die Stammzelle

Horst Haug und Shannon Pyper

Ottos Körper Polizei
Die Abenteuer einer weißen Blutzelle – die Stammzelle

Impressum:

Bibliografische Information der Deutschen Nationalbibliothek: Die Deutsche Nationalbibliothek verzeichnet diese Publikation in der Deutschen Nationalbibliografie; detaillierte bibliografische Daten sind im Internet über dnb.dnb.de abrufbar.

Verlag: BoD · Books on Demand GmbH, In de Tarpen 42,
22848 Norderstedt, bod@bod.de
Druck: Libri Plureos GmbH, Friedensallee 273, 22763 Hamburg

ISBN: 978-3-7693-5659-5

Inhalt

Der **Autor Horst Haug** (geb. 1957) studierte Elektroingenieur an der Fachhochschule Augsburg und arbeitete als Prüfingenieur.

Als er bei einem Kunden ein schweres Gerät heben musste, verdrehte sich sein Becken. Die Schulmedizin konnte ihm nicht helfen und es drohte eine Versteifung der Wirbelsäule oder sogar ein Leben im Rollstuhl.

Er begann, sich mit der sogenannten Alternativmedizin zu beschäftigen, wurde geheilt und lernte Osteopathie. Er arbeitet nun seit Jahren als Heilpraktiker mit dem Schwerpunkt Verhaltenstherapie und (Kinder-) Osteopathie.

Die **Künstlerin Shannon Pyper** wurde 1967 als Tochter eines irischen

Vaters und einer deutschen Mutter geboren. Sie studierte Modegrafik und Design an der Deutschen Meisterschule für Mode in München. Danach arbeitete sie viele Jahre als Designerin für in- und ausländische Produktionen.

Heute lebt Shannon Pyper mit ihrem Mann und ihren Kindern im Allgäu. Seit 2002 arbeitet sie als freie Künstlerin und perfektionierte ihren eigenen Stil.

Neben Acryl auf Leinwand und zeichnerischen Techniken hat sie die digitale Kunst für sich entdeckt und die letzten Jahre weiterentwickelt. Es ist ein Versuch, das Gesehene und Gefühle bildhaft wiederzugeben.

Vorwort

Der Körper ist ein Wunderwerk und besteht aus Milliarden Zellen. Jede einzelne von ihnen ist ein eigenständiges Wesen mit Intelligenz. Die Zellen wollen in der Form unseres Körpers zusammenleben, denn gemeinsam können sie besser und länger leben als allein.

Mit einer Buchserie, wollen wir Kindern ein Verständnis für das Wunderwerk eines menschlichen Körpers und dessen vielfältigen Vorgänge und Abläufe vermitteln.

Ferner soll die Buchserie Kindern UND Erwachsenen helfen, dem Körper Gutes zu tun und Schädliches zu meiden.

Wenn Sie Anregungen oder Korrekturen haben, können Sie mich gerne anschreiben. Ich freue mich auch über eine Bewertung zum Beispiel bei Amazon oder BOD.

Horst Haug (Horst.Haug@web.de) Jan 2024

Wer ist Otto

Otto ist ein kleiner Junge, der gerade in den Kindergarten gekommen ist. Otto spielt gerne Fußball, hat viele Freunde und baut gerne Duplo.

Otto lebt mit seinem Vater und dem Opa in einem kleinen Haus mit Garten am Rande der Stadt.

Jeden Morgen wird Otto von seinem Papa in den Kindergarten gebracht und Opa holt ihn mittags wieder ab.

Opa arbeitet auch als Heilpraktiker und behandelt kranke Menschen und macht sie gesund.

Zum Haus gehört auch ein wunderbarer, aber etwas verwilderter Garten. In dem Garten wachsen viele Heilkräuter.

Oft geht der Großvater mit Otto in den Garten und zeigt ihm die Heilkräuter.

Wenn Otto mal krank ist, kocht ihm Opa grüne Suppe und auch Kräutertee und gibt ihm Globuli.

Das Haus, in dem Otto mit Papa und Opa wohnt, ist schon sehr alt. Es hat an den Ecken kleine Erker. Es erinnert an ein altes Hexenhäuschen. Im und am Haus sind oft Reparaturen nötig. Wenn der Wind weht, dann kommt es Otto vor, als ob das Haus lebt. Es ächzt und stöhnt.

Abends sitzen Otto, Opa und Papa oft zusammen und machen Musik, singen oder reden miteinander. Der Opa spielt Akkordeon, der Papa Gitarre und Otto singt freudig mit. Die drei sind ein gutes Team.

Im Sommer sitzt die kleine Familie oft gemeinsam auf der Gartenbank hinter dem Haus und im Winter vor dem Kaminofen im Wohnzimmer. Otto liebt die gemütlichen Winterabende, besonders, wenn ein Feuer im Ofen brennt und knistert. Die Flammen wärmen und beleuchten den Raum.

Papa ist Ingenieur und arbeitet in einer Firma mit Computern. Otto hat der Raum mit den vielen Monitoren und Computern gefallen.

Ottos Lieblingswort ist: „Warum." Er ist neugierig, will die Welt kennenlernen und ist neugierig. Papa und Opa sind sehr geduldig und nehmen sich viel Zeit um Otto´s Fragen zu beantworten.

Die kleine Stammzelle in Ottos Körper

Es war einmal eine winzig kleine Stammzelle. Diese lebt in Ottos Körper und hat noch gar keinen Namen. Diese kleine Stammzelle wohnt geborgen in Ottos rotem Knochenmark. Das Knochenmark ist in verschiedenen der großen Knochen zu finden.

Die Körperregierung bestimmt die Berufe jeder Zelle und gibt ihr auch einen Namen.

Im Blut, das durch unseren Körper fließt, gibt es drei verschiedene Zellenarten. Diese heißen „rote Blutkörperchen", Blutplättchen und „weiße Blutkörperchen."

Aus einigen der Stammzellen werden rote Blutkörperchen, aus anderen weiße und wieder aus anderen werden Blutplättchen.

Die kleine Zelle denkt sehr lange über ihre Zukunft nach. Was sie denn wohl werden will?

Sie ist klug und schaut sich die verschiedenen Zellen ganz genau an.

Die Entscheidung, was für eine Zelle sie werden soll, gilt nämlich für das ganze Zellenleben und will deshalb gut überlegt sein.

Die roten Blutzellen sind sehr schön rot. Sie sind einfache Arbeiter. Den ganzen Tag müssen sie schwere Lasten hin und her schleppen. Diese roten Blutzellen transportieren den Sauerstoff von der Lunge zu den Körperzellen.

Das ist jedoch ein mühevolles Leben. Weil diese Arbeit so hart ist, leben die roten Blutzellen nur 120 Tage, also rund drei Monate.

Sehr schlau sind Erythrozyten auch nicht. Spricht man sie an, dann können sie gar nichts Vernünftiges antworten. Damit sie immer fleißig arbeiten und sich nicht beschweren, hat man bei ihnen das Hirn nicht mitwachsen lassen. Sie haben in ihren 120 Lebenstagen immer ein so kleines Gehirn wie eine Babyzelle am Anfang.

O2
O2
O2
O2

Dann besucht die kleine Stammzelle die Blutplättchen. Die Blutplättchen haben einen faulen
Lenz. Sie liegen den ganzen Tag herum.

„Das ist doch ein super Job", denkt sich die kleine
Zelle. Jedoch ist der Job von den Blutplättchen
nicht das Faulenzen.

Wenn der Körper verletzt wird, dann werden die
Blutplättchen aktiv. Die Blutplättchen haben eine
wichtige Aufgabe im Körper. Sie verschlissen die
Wunde. Ihr seht dann eine Kruste oder Wund-
schorf. Wenn sich eine neue Haut gebildet hat,
dann fällt die Kruste wieder ab.

Aber als sie mit den Blutplättchen reden will,
merkt sie, dass diese auch nicht besonders klug
sind. Sie sind nicht nur träge, sondern auch
noch ganz klein.

„Nein, so klein will ich nicht sein", entschließt
sich die kleine Stammzelle.

Unsere kleine Stammzelle träumt davon, eine große Heldin und somit etwas ganz Besonderes zu werden.

Schließlich kommt eines Tages eine große weiße Zelle vorbei. Die kleine Stammzelle hat bisher noch nie so eine große Zelle gesehen. Unsere kleine Stammzelle fragt ganz vorsichtig, wie die Große heißt und was sie denn so macht.

„Ich bin eine Leukozyte und gehöre zur Körperpolizei." antwortet freundlich die große weiße Zelle. Ich heiße Bellona.

Die kleine Zelle fragt neugierig: „Welche Aufgaben hat denn die Körper - Polizei genau?"

„Die weißen Blutkörperchen sind ein Teil der Körperpolizei. Wir nennen uns die Lymphozyten und bekämpfen das Böse. Wir sorgen für Ordnung. Wir sind wie eine Armee organisiert. Viele von uns leben in der Milz, einem menschlichen Organ auf der linken Körperseite.

Die meisten von uns sind jedoch auf Patrouille.“

„Was ist denn Patrouille?“

„Patrouille ist, wenn wir im Körper unterwegs sind und kontrollieren.“

„Und wie lange lebt ihr denn?“

„Wenn wir nicht im Kampf sterben, dann leben wir bis zu 120 Jahre. Wir leben so lange, wie der Körper lebt.“

Die kleine Zelle kann sich Hundertzwanzig Jahre nicht vorstellen. Sie versteht aber, dass es im Vergleich zu 120 Tagen ganz lang ist.

Könnt ihr Euch Hundertzwanzig Jahre vorstellen? Meine Oma ist nur vierundneunzig Jahre alt geworden.

„Oh ja, das möchte ich auch gerne machen. Ich will bei der Körper Polizei arbeiten. Ich werde ein Lymphozyt", ruft die kleine Zelle voller Begeisterung.

Die Körperregierung sendet nun Eiweiße mit Informationen wie einen Brief. Da steht drin, was aus der kleinen Stammzelle einmal werden und wie sie wachsen soll, und auch wie sie heißt.

In dem Brief steht:

„Wir ernennen dich hiermit zum Anwärter der Körper - Polizei und dein neuer Name soll fortan **Leukothea** *sein. Du wirst der Patrouille der weißen Blutzellen zugeordnet".*

Die kleine Zelle freute sich riesig, dass sie so eine wichtige Zelle werden würde. Doch nun muss Leukothea aber wachsen. Liebevoll wird die Baby - Stammzelle jetzt erst einmal vom Körper mit Nährstoffen, Sauerstoff, Mineralstoffen und Vitaminen versorgt.

In dieser Zeit hat der Junge namens Otto plötzlich ganz viel Appetit auf Äpfel, Orangen, Müsli
und sogar Gemüse.

Dieses Essen brauchen die jungen Stammzellen zum Wachsen.

In Ottos Blut und dem aller Menschen schwimmen viele Nährstoffe, die durch eine Art Tür ins Innere der Zelle gelangen.

Andere wichtige Mineralstoffe benötigen aber einen Transporter ähnlich einem Lastwagen, um in das Zelleninnere zu kommen.

In der Zelle gibt es sogar kleine Kraftwerke. In den Zellkraftwerken arbeiten über 1000 verschiedene Arbeiter, die vorwiegend aus Eiweißstoffen bestehen.

Die Reise in die Polizei Schule

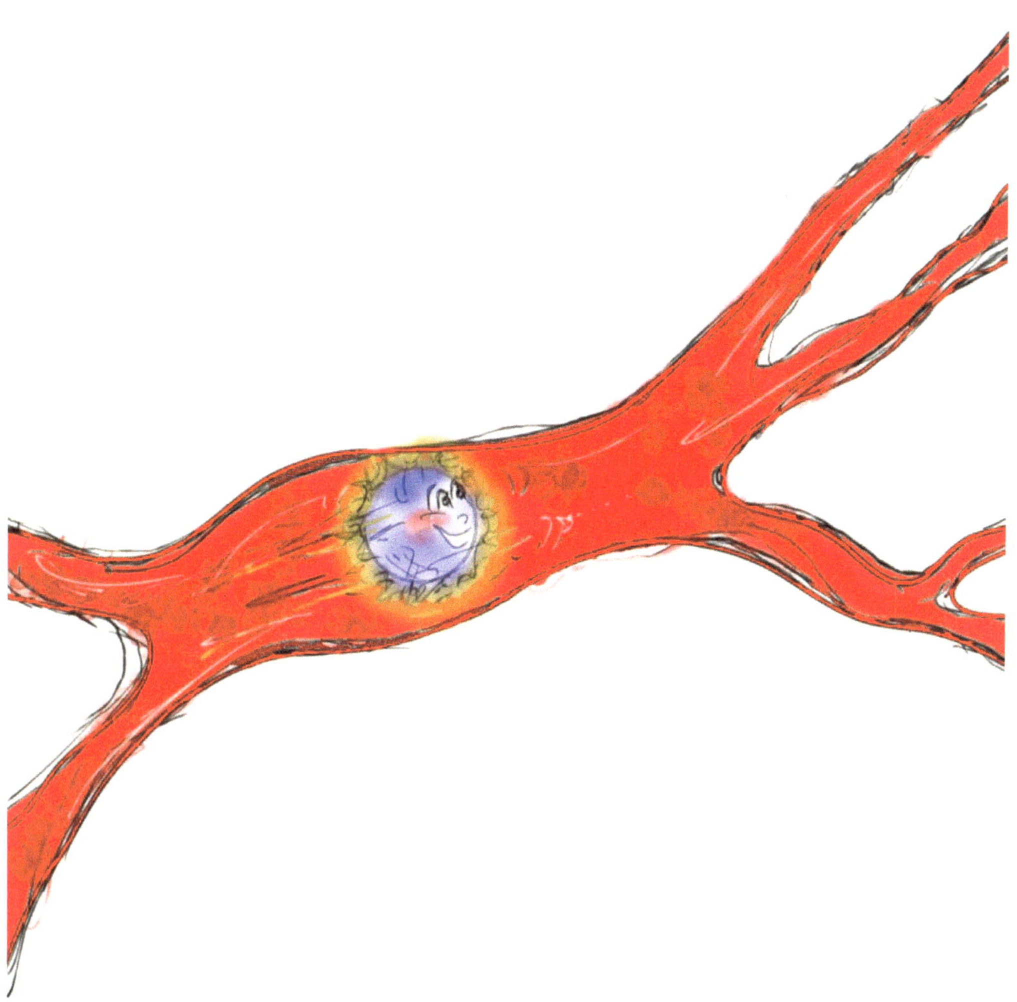

Die kleine Polizeizelle mit dem Namen Leukothea begibt sich ins Blut und ab geht die Reise. Es ist das erste Mal, dass sie sich aus dem Knochenmark heraus begibt und sie ist sehr aufgeregt.

Die kleine Zelle schwimmt im Blut und das geht sehr schnell.

Die Blutgefäße, in denen Leukothea schwimmt nennet man Adern. Die Adern versorgen jedes einzelne Organ im Körper mit ausreichend Blut und Nährstoffen.

Die Reise beginnt in einer größeren Ader. Dann verzweigt sich die Ader und wird immer enger. Endlich erreicht Leukothea die Polizeischule. Die Schule heißt Thymus. Weißt du, wo die Polizei - Schule in deinem Körper findest?

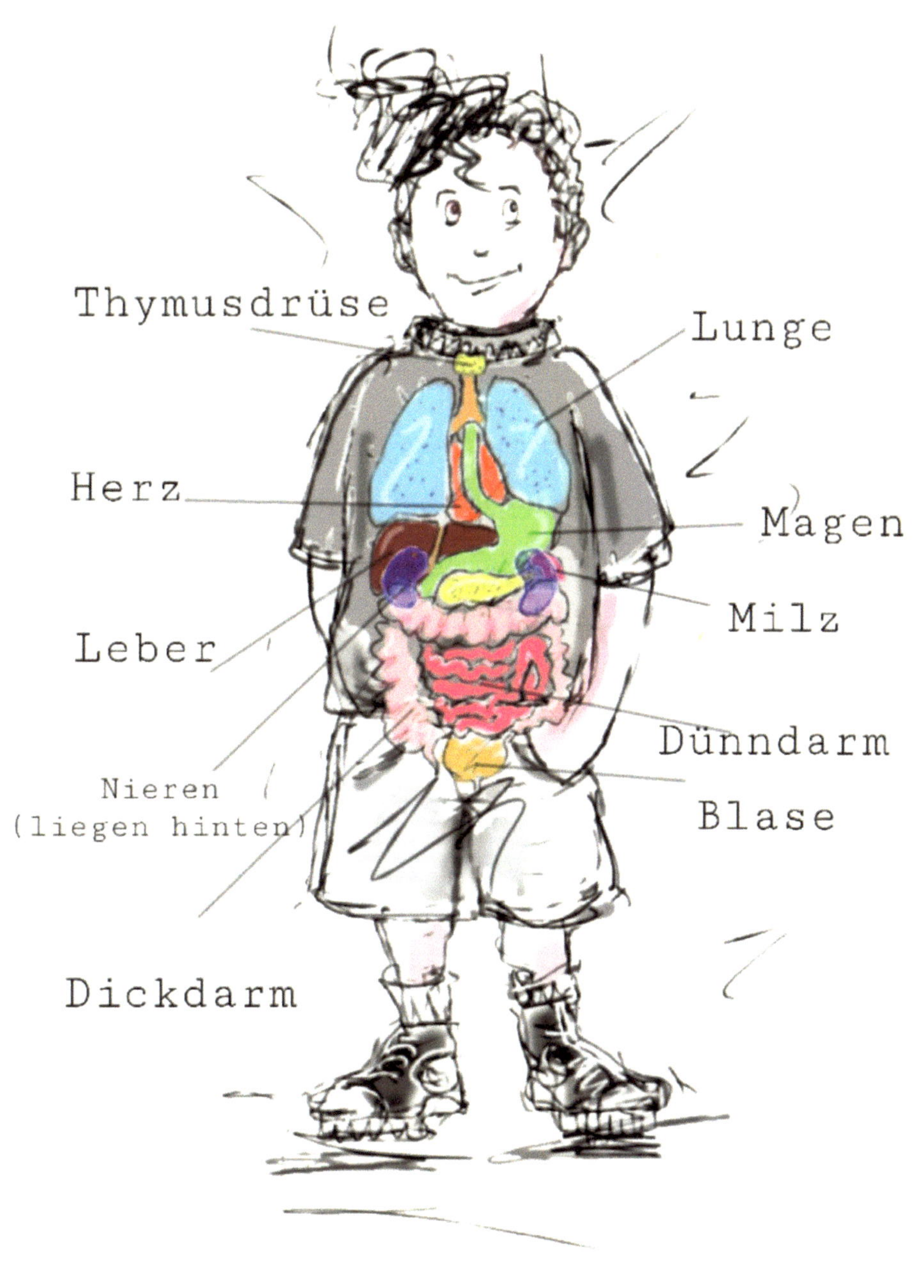

Thymusdrüse
Lunge
Herz
Magen
Milz
Leber
Dünndarm
Nieren
(liegen hinten)
Blase
Dickdarm

In diesem Bild seht ihr Otto mit seinen Organen, so dass ihr Euch vorstellen könnt, wo sich welches Organ befindet.

Wisst ihr was das Herz macht? Das Herz pumpt das Blut durch den Körper und besonders in die Lunge. In der Lunge laden sich die roten Blutkörperchen Sauerstoff auf und transportieren den Sauerstoff zu den Zellen des Körpers.

Die Leber und die Nieren reinigen das Blut. Die Niere scheidet über den Urin Schadstoffe aus. Der Urin wird in der Blase gesammelt. Wenn die Blase voll wird gibt uns der Körper ein Signal, dass wir auf die Toilette gehen sollen.

Die Leber ist ein großes Chemielabor, in dem Fremde Stoffe umgewandelt werden. Wenn die Mama ein Bier oder Wein trinkt, dann wandelt die Leber den Alkohol in Essigsäure um. Essigsäure ist für den Körper unschädlich während Alkohol für den Körper ein Gift darstellt.

Der Magen, der Dünndarm und der Dickdarm verdauen unsere Nahrung, die wir über den Mund aufnehmen.

In der Polizei Schule – Thymus Drüse

„Klopf, Klopf" oder „Klingeling" machen wir, wenn wir in ein Haus oder eine Wohnung wollen. Die Thymus - Drüse aber erkennt gleich, wer da kommt. Dann öffnet sich eine intelligente kluge Tür, die man bei den Zellen Membran nennt.

Leukothea ist schon angemeldet und kann sofort eintreten. Der kleinen Leukothea wird es ganz schwindlig, als sie die vielen anderen Polizeischüler sieht. Diese laufen geschäftig hin und her, holen Informationen und sind den ganzen Tag in der unterwegs.

In der Thymus - Drüse lernen alle Polizeischüler die Feinde des Körpers kennen. Sie müssen verstehen, die guten Bakterien von den bösen, gefährlichen zu unterscheiden. Die guten Bakterien nützen dem Menschen. Die bösen schaden unserem Körper. Leukothea lernt auch, Viren und Virenpartikel zu erkennen.

Die weißen Blutkörperchen lernen, was zum Körper gehört und was körperfremd ist. Die Freunde und körpereigenen Stoffe darf eine weiße Blutzelle natürlich nicht angreifen.

Krankheiten entstehen auch, wenn die weißen Blutzellen zwischen Gut und Böse nicht unterscheiden können. Dann greifen sie die guten Zellen im Körper an.

Ihr kennt sicher jemanden, der eine Allergie hat. Er oder sie hat meistens im Frühjahr Schnupfen und niest oft, fühlt sich müde und krank. Die Körper - Polizei denkt, dass die Blüten und Pollen der Blumen und Bäume gefährlich sind und bekämpft diese.

Die Körper-Polizei ist falsch informiert. Deshalb ist eine gute und gründliche Ausbildung unserer Körper -Polizei so wichtig.

Die neue Schülerin Leukothea muss nun Tag für Tag lernen. Hierfür bekommt sie viele Materialen, Viren, Eiweißstoffe und Bakterien vorgesetzt, damit sie diese auch gut unterscheiden lernt. Ihr Kopf brummt schon vom vielen Lernen.

Immer wieder wird das Wissen von Leukothea abgefragt, bis sie endlich zur Abschlussprüfung bereit ist. In der Prüfung ist die richtige Unterscheidung zwischen Freund und Feind besonders wichtig.

Viele Schüler bestehen die Prüfungen leider nicht. Leukothea jedoch war eine besonders kluge Zelle und schafft alle Prüfungen mit Auszeichnung.

Schließlich wurde Leukothea mitgeteilt, dass sie nun bereit zum Einsatz ist und in die Kaserne versetzt wird. Sie ist überglücklich und macht sich auf den Weg dorthin.

Sie kann nun schon richtig gut im Blut mitschwimmen. Wenn sie andere Zellen trifft, bemerkt sie, dass diese sie überaus freundlich grüßen.

Die weißen Blutzellen haben im Körper ein hohes Ansehen. Die anderen Zellen wissen, dass die weißen Blutzellen sie Tag und Nacht beschützen. Wenn aber Zellen sich verändern und krank werden, dann greifen die weißen Blutzellen ein und beschützen den Körper.

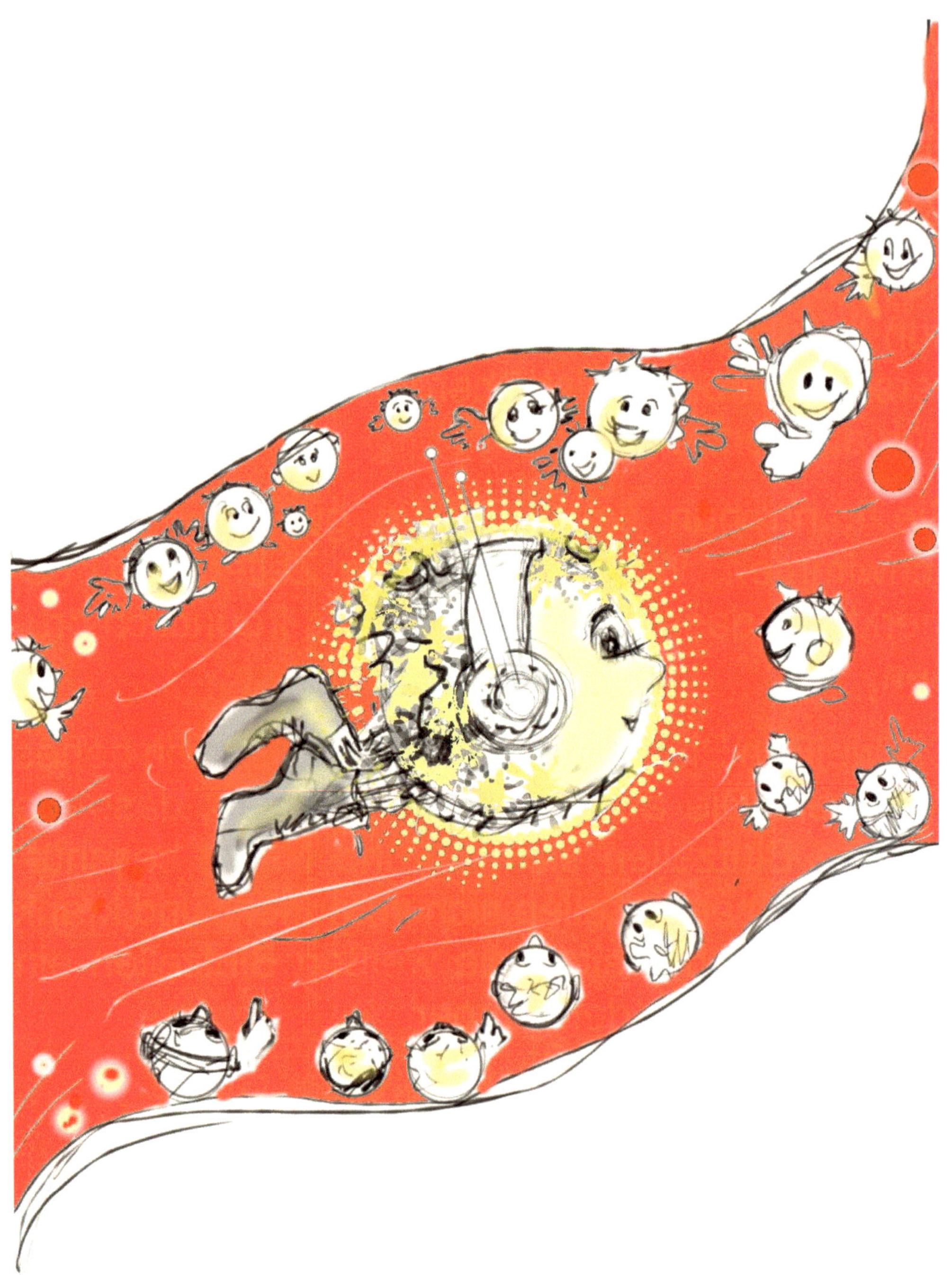

Die Reise zur Milz unserer Körper Kaserne

Als Arterien bezeichnet man die Blutgefäße, die frisches Blut vom Herz zu den Zellen transportieren. Die Venen sind die Blutgefäße, die sauerstoffarmes Blut hin zum Herz transportieren.

Auf ihrem Weg zum Herz schwimmt Leukothea zuerst in einer kleinen Vene, dann in einer größeren und dann in einer ganz großen.

Leukothea kommt schließlich im Herz in der rechten Herzkammer an, in der sich viel Blut ansammelt. Als die Kammer voll ist, zieht sich der Herzmuskel zusammen. Das Blut wird in die Lunge gedrückt Das ist vielleicht laut, wie ein Wasserfall für menschliche Ohren.

Herz des kleinen Jungen Otto schlägt neunzig Mal pro Minute. Das bedeutet, dass der Herzmuskel neunzig Mal pro Minute das Blut in die Lunge drückt.

Otto atmet ein und aus, ein und aus, ein und wieder aus, zwanzig bis dreißig Mal pro Minute. Die Lunge eines Menschen ist wie ein großer Schwamm. Wenn Otto einatmet, dann wird die Lunge mit Luft gefüllt. Wenn er ausatmet, wird die Lunge ausgepresst.

In der Lunge laden sich die roten Blutkörperchen Sauerstoff auf den Rücken. Schwer haben sie nun zu tragen.

Leukothea lässt sich einfach treiben und kommt dann von der Lunge wieder zurück in die linke Herzkammer. Als diese gefüllt ist, drückt der Herzmuskel das Blut mit viel Kraft hinaus in die Arterien. Das ist vielleicht eine schnelle Fahrt, als wenn Wasser durch einen Gartenschlauch spritzt.

Leukothea fühlt sich wohl und geborgen in Ottos Körper.

O₂
O₂
O₂
O₂
O₂
O₂
O₂
O₂
O₂
O₂
O₂
O₂
O₂
O₂
O₂
O₂

Leukothea´s erster Kampf

Nach einigen Sekunden wird es ruhiger und leiser in dem Rohr nach unten zur Milz. Leukothea beobachtet wieder viele verschiedene Zellen, die alle freundlich und sehr beschäftigt sind.

Nun entdeckt Leukothea eine Zelle, die aussieht wie eine Spirale. „Nanu, wer bist denn du?", fragt sie neugierig.

Die Zelle antwortet „Ich bin die Neue und putze die Rohre". Leukothea war aber sehr neugierig. Eine Zelle, welche die Rohre putzt? Davon hatte sie noch nie gehört!

Plötzlich beginnt die Putzzelle, Leukothea zu umarmen. Sie drückt fest und immer fester, so dass Leukothea fast am Platzen ist. Da schließlich erkennt Leukothea, dass sie nun mit dieser feindlichen Zelle kämpfen muss.

„Kämpfen und Siegen oder Verlieren und Sterben", überlegt Leukothea kurz.

Dann beißt sie, so fest sie kann, in die feindliche Zelle und versucht, diese zu fressen.

Während des Kampfes verschlingt Leukothea immer mehr von der feindlichen Zelle, bis diese schließlich aufgibt. Leukothea aber wird durch das viele Fressen ganz groß.

Hast du schon einmal eine Schlange gesehen, welche ein Tier verschlungen hat? So geht es Leukothea, deren Bauch jetzt ganz dick ist.

Sie ist ganz träge und müde und muss erst einmal geruhsam einen Mittagsschlaf machen. Dann schwimmt Leukothea weiter zur Polizei Kaserne, der Milz.

Die Milz hat die Form einer großen Bohne.

Sehr ihr die blaue und die rote Zuleitung. Blau sind die Venen und Rot die Arterien. In der Arterie fließt frisches Blut mit viel Sauerstoff in die Milz.

In den blauen Schläuchen, den man Venen nennt, fließt sauerstoffarmes Blut zurück zum Herzen und der Lunge.

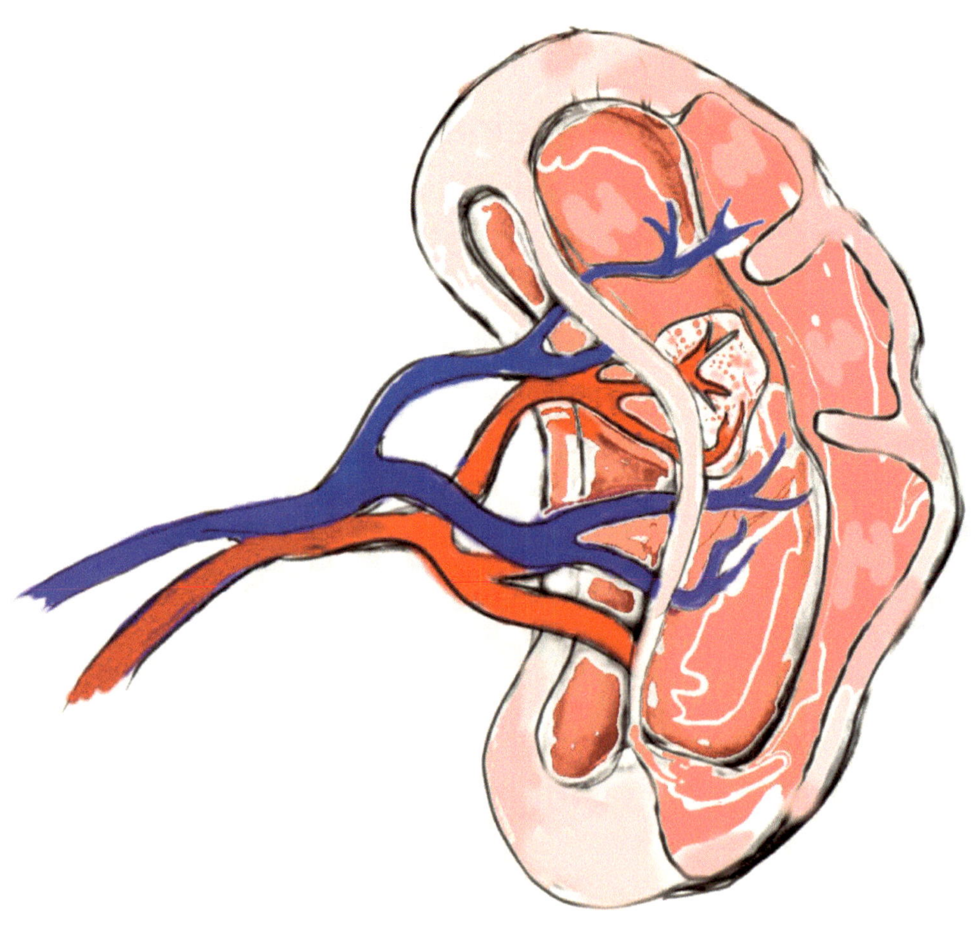

Die Milz

Als Leukothea in der Kaserne ankommt, hatte sich ihr Abenteuer schon herumgesprochen. Viele Kollegen gratulieren ihr und sie bekommt die Medaille für besondere Tapferkeit verliehen.

Leukothea wird erklärt, dass sie eine so genannte Spirochäte unschädlich gemacht hatte. Das sind schädliche Bakterien, die wie Spiralen ausschauen. Wenn man beispielsweise von einer Zecke gebissen und dann die Bisswunde ganz rot wird, dann sind Spirochäten in den Körper gewandert. Sie überfallen den Körper. Dann gibt es zwischen den Angreifern, den Spirochäten, und der Körper - Polizei eine Schlacht.

So hatten sich diese bösen Bakterien in Ottos Körper nach einem Zeckenstich ausgebreitet und waren fast alle besiegt worden. So sind alle Körperzellen froh und dankbar, dass Leukothea einen der wenigen flüchtigen Angreifer gefunden und getötet hat.

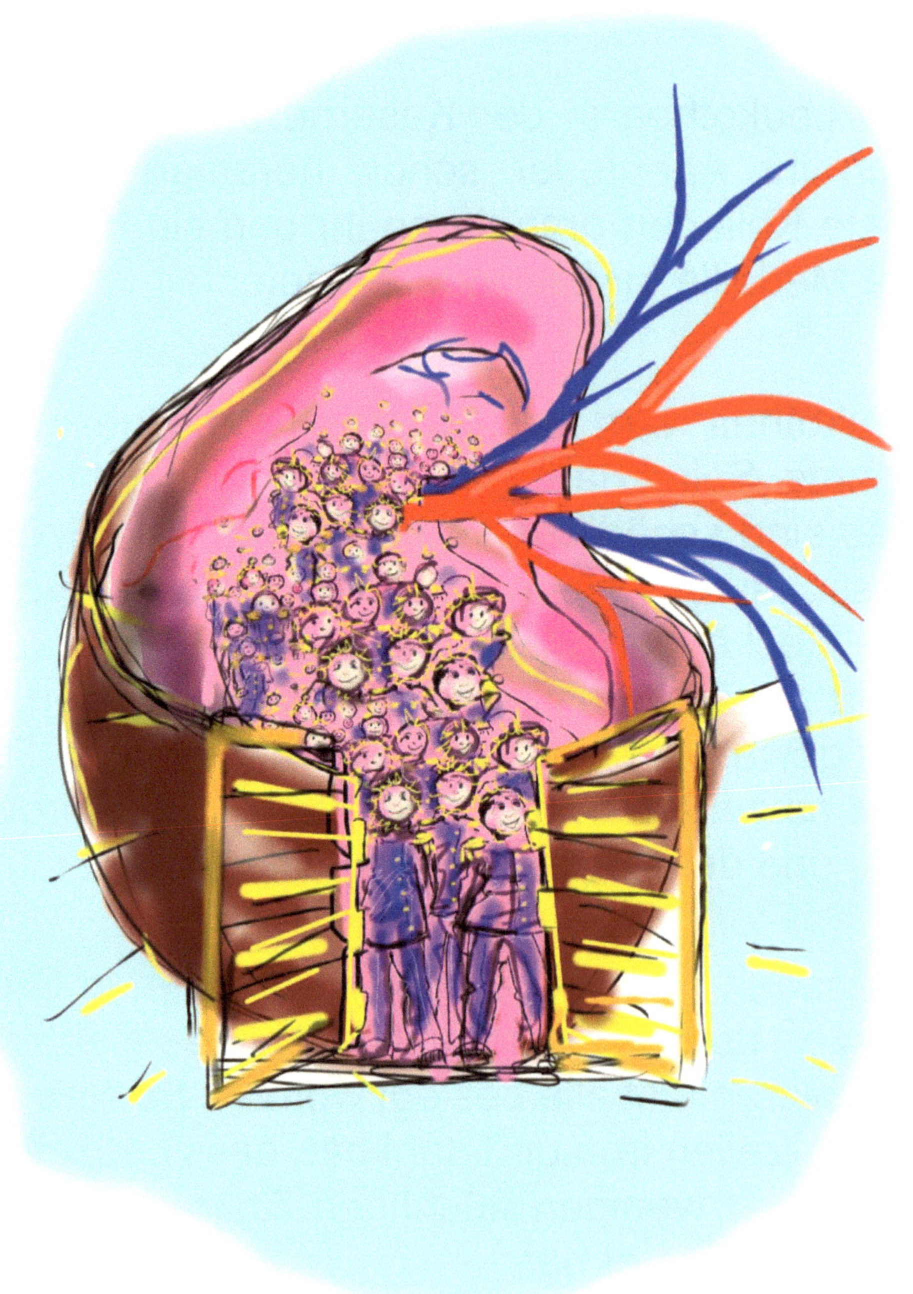

In der Milz sind viele verschiedene Abwehrzellen stationiert. Ihr könnt Euch die Milz wie eine Kaserne vorstellen. Ständig rücken Kommandos aus, gehen auf Patrouille und andere kommen zurück. Es ist ein reges Kommen und Gehen.

Die Milz liegt versteckt im linken Oberbauch unter dem Rippenbogen. Ihr könnt mal mit der linken Hand nach hinten an die Rippen fassen. Wenn ihr nun mit der Hand nach unten geht, bis die Rippen aufhören und mehr an die Seite, dann seid ihr ungefähr an der Stelle wo die Milz im Körper sich befindet.

Innen ist die Milz ganz weich und außen ist eine Hülle.

Damit die Soldaten des Körpers schnell zu ihren Einsatzgebieten kommen gibt es Verbindungen zum Magen, der Bauchspeicheldrüse, der linken Niere und zum Dickdarm. Die Milz ist gut verbunden zu dem Körper.

Die Milz filtert das Blut und alle Blutkörperchen.
Blutkörperchen die nicht mehr funktionieren oder
alt sind, werden herausgefiltert und zerlegt.
Teile, die noch verwendbar sind werden weiter-
verwendet.

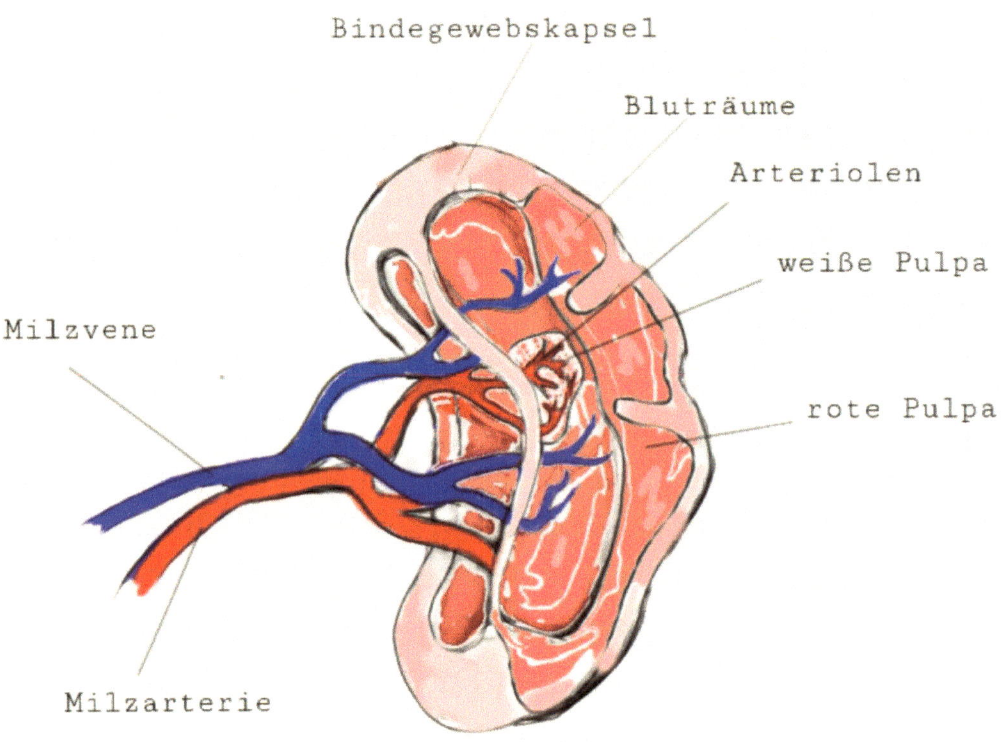

In der Milz ist auch ein Speicher für die roten Blutkörperchen, die Blutplättchen und die Körperpolizei. Die Milz kann bei Bedarf ganz schnell Blutkörperchen an den Körper abgeben.

Die Milz ist ein wichtiger Teil der Körperabwehr. Die Milz ist für einen Teil der Körperpolizei eine Kaserne. Die Polizei patroniert im Körper. Wenn aber der Körper Notsignale sendet, rückt die ganze Polizei aus und zieht in den Kampf.

Die Milz ist für die Leukothea also sehr groß mit vielen verschiedenen Funktionen und Gebieten.

Zuerst wandert Leukothea innen an der Wand entlang in der **roten Pulpa**. Die roten Blutzellen und Blutplättchen werden hier aussortiert und abgebaut.

Die Bluträume: Leukothea schaut sich auch die Bluträume an. Diese Räume heißen Bluträume, weil sich viel Blut und damit Blutzellen in diesen Räumen aufhält.

Das Blut in den Bluträumen ist die Reserve unseres Körpers.

Verletzen wir uns und verlieren Blut, dann kommt die Reserve aus der Milz in den Einsatz.

Leukothea geht nun zu ihrem neuen Zuhause auf ihr Zimmer.

In der weißen Pulpa ist das Zuhause von der Leukothea. Hier sind die weißen Blutzellen stationiert und warten auf einen Einsatzbefehl. Ein Teil der Körperpolizei ist ständig im Körper unterwegs auf Patrouille. Viele Zellen warten aber in der Kaserne, so wie bei der richtigen Polizei.

Die Zellen in unserem Körper schlafen nicht nachts wie wir. Tagelang war sie nun unterwegs und hat sich alles in der Milz gut angeschaut und auch eingeprägt. Nun ist Leukothea müde und muss sich ausruhen. Das Leben in unserem Körper geht weiter, auch wenn Leukothea ruht.

Die Ausbilderin und Freundin:

Leukothea trifft in der Milz Bellona. Leukothea freut sich, dass sie Bellona wieder gefunden hat und erzählt ihr alle Neuigkeiten und ihre Erlebnisse. Sie weiß noch nicht, wer ihr als Ausbilder zugeordnet wird. Bellona ist eine sehr erfahrene Zelle, die schon viele Kämpfe gewonnen hat. Sie hat Leukothea gesucht und teilt ihr mit, dass sie nun ihre Schülerin wird.

Sie vertraut der älteren, erfahrenen Zelle sehr und hat sie sehr gern. Von der älteren Ausbilderin lernt Leukothea viele Dinge. Die Ausbilderin ermuntert Leukothea sich gut in der Kaserne umzusehen.

Regelmäßig muss sie ihre Ausbilderin nun auf Patrouillen im Körper begleiten. Für die Körperpolizei gibt es genaue Einsatzpläne, welche Zellen wann und wo im Körper für Ordnung sorgen sollen.

Immer wenn wir essen, wenn wir uns bewegen, atmen oder etwas berühren, gelangen fremde Bakterien und Viren in Kontakt mit unserem Körper. Deshalb muss ein Teil der Körperpolizei immer im Einsatz sein.

Leukothea ist sehr zufrieden mit ihrer Berufswahl. In wenigen Wochen hat sie viel erlebt und weil sie fleißig lernte, hat sie schon viel Wissen erworben. Sie hat sich die Anerkennung der anderen verdient. Sie hat verstanden, wie wichtig die gute Zusammenarbeit im Körper ist.

Leukothea ist noch jung und kann noch vieles lernen und entdecken. Sie hat ein langes Leben noch vor sich.

Hier seht ihr Leukothea ausgewachsen und zufrieden in ihrem neuen Zuhause.

Das nächste Buch

Seid ihr schon neugierig auf das nächste Buch?

Otto fällt beim Fußball - Spielen auf sein Knie. Es blutet und schmerzt. Leukothea wird abkommandiert, um eindringende Keime zu bekämpfen. Es kommt zu einer großen Schlacht.

Opa kocht eine Heilsuppe und ihr lernt einige Kräuter kennen.

Otto hat Geburtstag und wird vier Jahre alt. Er bekommt einen kleinen Freund geschenkt, der ihn nun überall hinbegleiten wird.